杨氏太极拳
24式图解

王翀 著
吕霜融 整理校对

四川大学出版社

项目策划：徐丹红
责任编辑：徐丹红
责任校对：张宇琛
摄　　影：周先根　顾永良
封面设计：阿　林
责任印制：王　炜

图书在版编目（CIP）数据

杨氏太极拳 24 式图解 / 王翀著． — 成都：四川大学出版社，2021.3
ISBN 978-7-5690-2714-3

Ⅰ．①杨… Ⅱ．①王… Ⅲ．①太极拳－套路（武术）－图解 Ⅳ．① G852.111.9-64

中国版本图书馆 CIP 数据核字（2021）第 042232 号

书　名	杨氏太极拳 24 式图解
	YANG SHI TAIJIQUAN 24 SHI TUJIE
著　者	王　翀
出　版	四川大学出版社
地　址	成都市一环路南一段 24 号（610065）
发　行	四川大学出版社
书　号	ISBN 978-7-5690-2714-3
印前制作	跨克创意
印　刷	成都市金雅迪彩色印刷有限公司
成品尺寸	185mm×260mm
印　张	6.5
字　数	129 千字
版　次	2021 年 4 月第 1 版
印　次	2021 年 4 月第 1 次印刷
定　价	66.00 元

◆ 版权所有 ◆ 侵权必究

◆ 读者邮购本书，请与本社发行科联系。
　电话：(028)85408408/(028)85401670/
　(028)86408023　邮政编码：610065
◆ 本社图书如有印装质量问题，请寄回出版社调换。
◆ 网址：http://press.scu.edu.cn

四川大学出版社
微信公众号

序

◆ 吴　彬

　　王翀先生习练太极拳有将近四十年的时间了，他的太极拳属于李雅轩前辈一脉。通过交流，我发现他对太极拳的理解非常深刻。他始终把李雅轩前辈提出的"大松大软"理论贯彻在自己练拳和教拳的过程中，自身对太极拳的理解和感悟也越来越深。

　　王翀先生为人非常低调，与人相处谦逊、豁达，对长者更是虚心求教，从不争强好胜，谦谦君子是也。

　　为了传承、研究和发展太极拳，王翀先生不惜弃商从武，2015年，他转让了自己的公司，开始全身心地投入太极拳的推广活动中来，在传授太极拳的过程中，他收获良多。

　　如何能够让上班一族在短时间内学会一套太极拳，并且坚持下来从而终身受益？2019年，王翀先生在"李雅轩杨氏太极拳115式"的基础上创编了"杨氏太极拳24式"，在群众中推广传授。这套拳的特点如下：动作编排合理、简单易学、运动量适中，易于在上班族人群中推广。

　　这本书前半部分的图解十分详细，丰富的图片配合文字说明，能够让广大读者一目了然。后半部分所谈的拳理也非常重要，对太极拳的初学者具有很好的指导意义。《杨氏太极拳24式图解》的出版为职工健康切切实实地做了一件大好事。

　　中华武术是中国传统文化的重要组成部分，弘扬中华武术就是在弘扬我们的传统文化。在当今社会，如何把中华武术中的一颗璀璨明珠——太极拳很好地传承下去，是我们每个武术人都应该去想去做的。王翀先生一直在为太极拳的传承和推广辛勤耕耘，非常值得肯定。我们需要越来越多这样懂太极、爱传承的武术人。

（吴彬，曾任中国武术协会副主席、国际武术联合会技术委员会主任、亚洲武术联合会技术委员会主任、北京武术院院长）

前 言

杨氏太极拳作为全球传播最广的太极拳流派，以其舒展大方、中正安舒、静缓匀柔的行拳特点，一直深受广大太极拳爱好者的喜爱。

作为杨氏太极拳宗师杨澄甫十大弟子之一的李公雅轩先生，在成都传拳三十多年，培养了一大批杨氏太极拳传人，为太极拳的传承和普及做出了重大贡献，并为成都地区的太极拳发展奠定了雄厚的基础。

李公雅轩先生首先提出的"大松大软"是对杨氏太极拳的特殊贡献。"大松大软"的练法，是稳静心性、休养脑力、清净智慧、灵敏感觉、增长内劲的最佳手段和方法。太极拳之所以成者寥寥，实则因为常人不知"松"的本质，更不知"松"的练法。以至练拳数十年，出手还是非僵即硬，更是以拙力为掤劲，故多为人所制也。因此，继承李公雅轩先生的太极拳思想，还原和发展"大松大软"的练法，实践传统太极拳在养生和技击方面的功能，是极其重要的。

　　根据李公雅轩先生所传授"杨氏太极拳115式"的风格特点，集三十多年的练拳体悟，结合现在年轻人的特点而编撰的"杨氏太极拳24式"，继承和保留了李公雅轩先生传统杨氏太极拳的特点，对养生和练功都能兼顾。演练全套架势的时间从5分钟到15分钟，适合所有年龄段，特别是工作繁忙的上班族，可以在工作间隙利用有限的5分钟或10分钟打完这套24式，在紧张的工作中可以起到锻炼身体、舒缓情绪、清静头脑的作用。该套路具有易学、易教、易传播的特点，教学方法清晰，动作标准明确，适合进行团队练习和组织竞赛。很多新学员习练之后，培养起了对太极拳的浓厚兴趣。

　　《杨氏太极拳24式图解》采用图说的方式，详细讲解每个动作的要领、路线的变化和脚步的移动等，务使每个初学者都能按图索骥，易于习得。

目 录

第一章 太极拳基础知识

一、学习太极拳的基本方法……………………………… 03
二、手形……………………………………………………… 04
三、脚形……………………………………………………… 06

第二章 杨氏太极拳24式图解

一、动作名称……………………………………………… 11
二、图解…………………………………………………… 12

第三章 拳理研究

一、太极拳习练之"五要"……………………………… 75
二、起势杂谈……………………………………………… 76
三、站桩与拳架…………………………………………… 77
四、论跟拳………………………………………………… 78
五、怎么理解"大松大软"……………………………… 80
六、谈拳意………………………………………………… 80
七、论太极拳的用意……………………………………… 81

第四章　附　录

一、太极拳经典论著……………………………………85
二、传承介绍……………………………………………89
三、部分学生学习太极拳的体会………………………91

第 一 章

太极拳基础知识

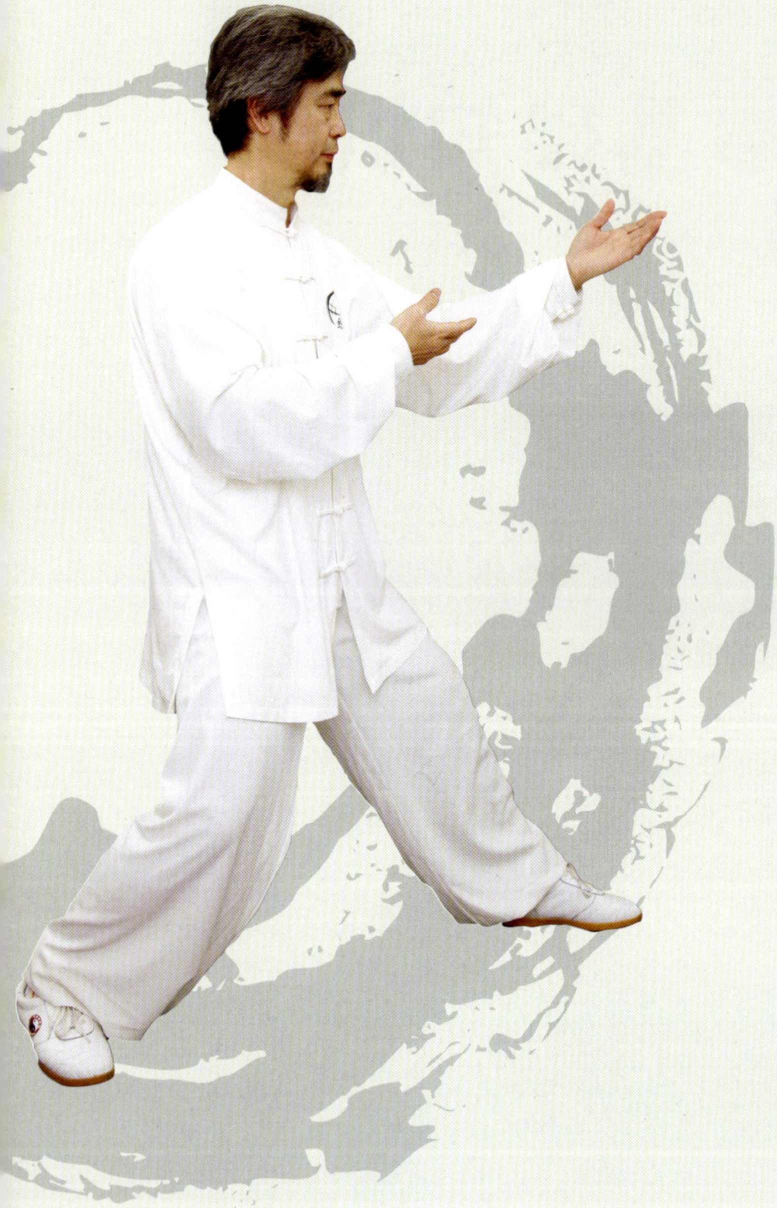

一、学习太极拳的基本方法

太极拳的传统学习方法是从站桩开始，然后一式一式地学，没有三年时间基本很难学完，所以过去有"太极十年不出门"的说法。杨露禅三下陈家沟历时十八年，终于学到太极拳精髓，将其发扬光大。雅轩公也是追随杨澄甫宗师十八年，终成一代大师。所以学习太极拳功夫真的不容易，时间不够肯定是不行的。

练太极拳不是一件容易的事，内中是真有奥秘。要有悟性、有恒心、不怕苦，才能悟出道理来，不然是得不着的。

——李雅轩

习练太极拳的时候要求心静体松、静缓匀柔，所以这是一项老少咸宜、能够陪伴我们终身的运动。如果我们能找到明师，并持之以恒，必定能在养身和击技等方面有所收获。

习练太极拳分练体、练气、练神三个阶段，本书只涉及练体阶段。所谓练体，即练习拳架，简单来说就是练习套路。太极拳套路或拳架是我们进入太极拳的基本途径，练好拳架，就为以后的练气和练神打下了良好的基础。

盘架子首先要姿势正确，所有动作符合太极拳之要领，如虚领顶劲、松肩坠肘、含胸拔背、尾闾中正、气沉丹田等；在这一阶段，跟拳是非常重要的学习方法。跟拳，就是跟着老师一招一式地比划，像学习书法一样进行"临摹"，模仿老师的动作。其次，要做到自然呼吸，不可为使呼吸配合动作而努气憋气。最后，要做到用意不用力，盘架子最忌用力，应由轻入手。

拳架之重要，犹水之源、木之本。功夫的增长皆来源于拳架，所以，需每日认真盘练拳架，细细体会其中之韵味，不可懈怠。盘练拳架需澄想老师练拳之情形，默想老师之动作、变化，一招一式慢慢将拳势形容出来。如此，一日必有一日之功夫，进步可见矣。

练习拳架的目的是锻炼身体的整体松柔、协调和灵活性，使身体的综合素质得到提升。

我们在行拳之时，必须注意以下几点：

（1）拳架首重顺遂，而轻柔是顺遂的基础。太极拳主清静自然，重拳势而不重一招一式，不可为一个动作的美观而影响整个拳势的顺遂。

（2）手脚的角度、高低等不用完全一致，但拳势方向必须正确，即分清四正与四隅。每个人的年龄、遗传基因和生活经历不同，身体素质自然也不一样。因此，不必过分强调脚尖的角度、手势的屈伸、姿势的高低等完全一样，只要拳势的方向正确即可。特别要避免的是把四正做成四隅，把四隅当成四正。

（3）行拳时要静心内视，不可于人前卖弄。行拳是要找自己，应该把心神收回来，不受外界的影响。除了跟拳，最好一个人静心练习。如果内心不静，可以听听节奏舒缓的音乐，在安静的环境下更好。

（4）快慢也是功夫，所以不可强求。

（5）初学时可以参照用法，动作正确后把用法丢掉。如果太过强调用法，会影响放松，进而影响拳势的顺遂。

太极拳需要体悟，太极拳不是教会的，而是练会的。练拳需要老师教动作、教方法，但还得自己练，按照正确的方法练。跟拳是非常必要的，把老师练拳的情形印在脑海里，时时回放，练拳时脑海中要有老师的形象。只有你自己练到了，体会到了，才会真正明白。

习练太极拳要在身体中找感觉，慢慢地就有了身体的意识，久而久之，自然能改善气质，练拳看上去就有气势，有拳味。所谓拳味，就是精气神在拳架中的体现。

当练拳达到一定程度以后，就要多看太极拳老论，建立正确的太极拳观念，有余力之后再去看其他的书籍和文章。

二、手形

本套路涉及的手形很简单，只有三个。杨氏太极拳的手形是最自然的，与其他流派有一定的区别。

（一）掌

手掌自然伸开，五指微分，掌心微微内含。

注意：五指不可太过张开，亦不可太过紧绷，掌心不能凸出。（如图1掌*，图2立掌，图3斜掌所示）

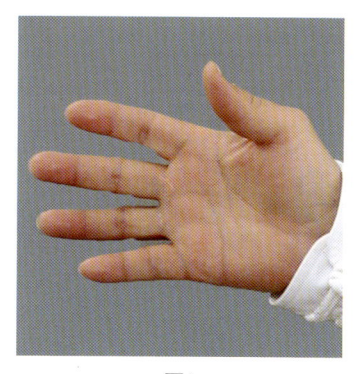

| 图1 | 图2 | 图3 |

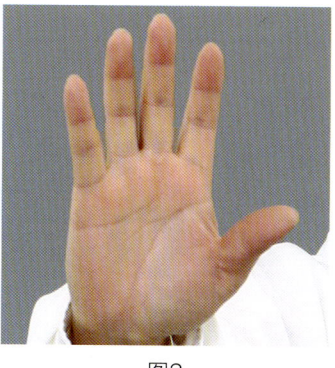

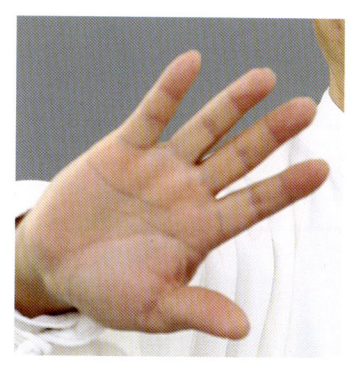

（二）拳

四指并拢、轻轻握拳，大拇指扣在食指和中指的第二指骨处；通常练习拳架时是空心拳，四指稍松，拇指扣于食指的末指关节处即可。

注意：不可用力握拳，拳面保持平整。（如图1拳，图2实拳，图3空心拳所示）

| 图1 | 图2 | 图3 |

---

*关于本书的图序，为方便读者学习掌握太极拳，按分节分动作的方式排序。

（三）勾手

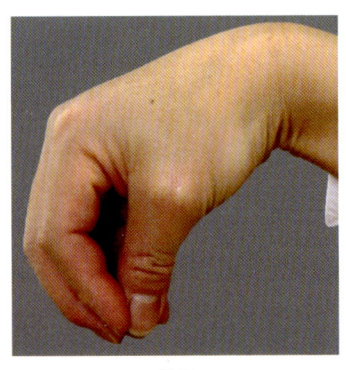

五指指尖并拢，手腕自然下垂。

注意：手腕不可用劲，自然弯曲，也不可平放。（如图1勾手所示）

图1

三、脚形

（一）并步

两脚并拢，自然站立；两膝微曲，即直而不挺、弯而不显。（如图1并步正，图2并步侧所示）

图1 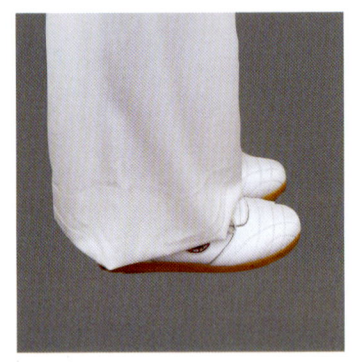　　　　　　　　图2

（二）平开步

从并步开始，右脚向右平移20~30cm，两脚平行，不超过肩宽。其余要求与并步相同。（如图1平开步，图2平开步侧所示）

图1 　　　　　　　　图2

（三）弓步

从平开步开始，右（左）脚尖外转45度、左（右）脚向正前方迈出一步、前小腿与地面垂直、胯正对前方、后腿伸直，重心前七后三，上身保持中正。（如图1正弓步，图2正弓步侧，图3侧弓步，图4侧弓步侧所示）

图1

图2

图3

图4

弓步分正弓步和侧弓步，正弓步与侧弓步的差异在于两脚的宽度和后脚尖的角度会有变化。如单鞭掌与斜飞势皆是侧弓步。

（四）后坐步

从弓步开始，重心后移、坐在后腿，重心前三后七。（如图1右后坐步所示）

注意：身体保持中正，不可前弓后仰。

图1

（五）虚步

从并步开始，左（右）脚尖外转45度，重心稍低放在左（右）脚，右（左）脚尖（跟）自然放在前方。（如图1左虚步，图2左虚步侧，图3右虚步，图4右虚步侧所示）

图1

图2

图3

图4

（六）丁字步

从并步开始，左（右）脚尖外转45度，重心稍低放在左（右）脚，右（左）脚尖自然放在实脚内侧，形似"丁"字。（如图1丁字步所示）

图1

第二章

杨氏太极拳24式图解

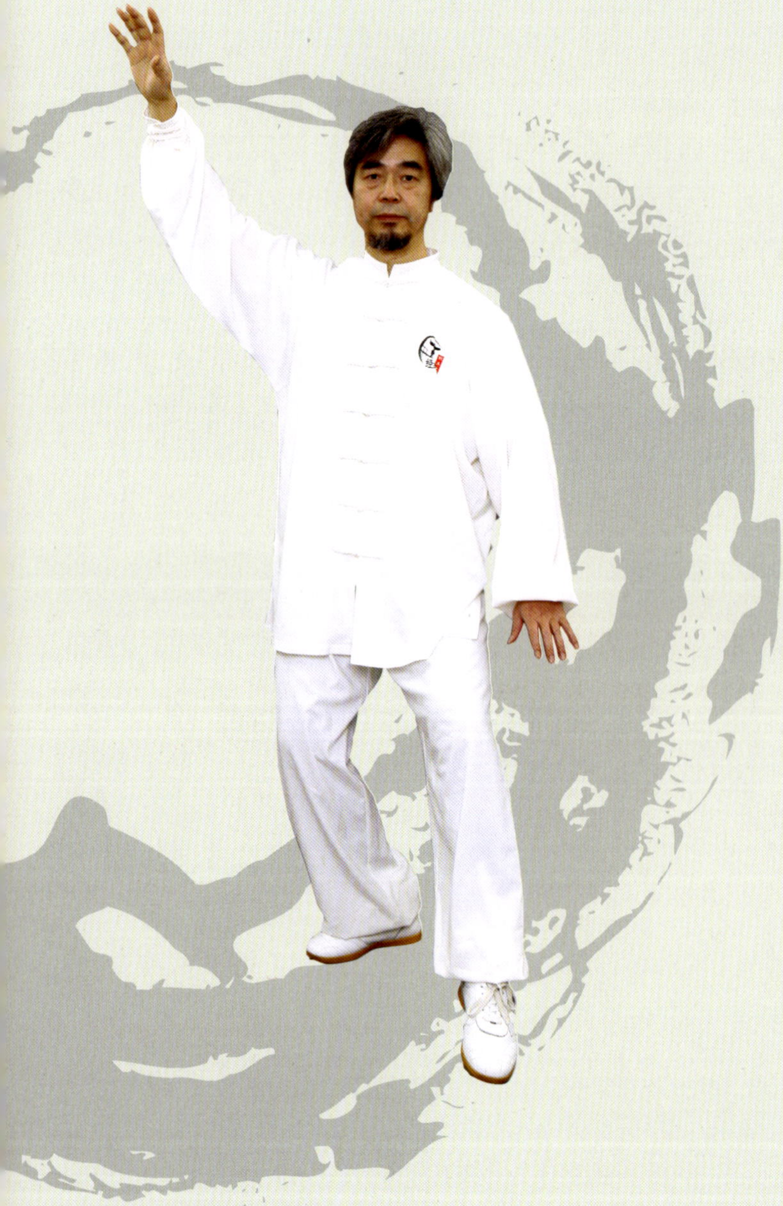

一、动作名称

第一式：预备势　　　　　　　第二式：起势

第三式：掤手上势　　　　　　第四式：揽雀尾

第五式：单鞭掌　　　　　　　第六式：提手上势

第七式：白鹤亮翅　　　　　　第八式：右搂膝拗步掌

第九式：左搂膝拗步掌　　　　第十式：右搂膝拗步掌

第十一式：手挥琵琶　　　　　第十二式：右倒撵猴

第十三式：左倒撵猴　　　　　第十四式：右倒撵猴

第十五式：左倒撵猴　　　　　第十六式：右倒撵猴

第十七式：斜飞势　　　　　　第十八式：提手上势

第十九式：白鹤亮翅　　　　　第二十式：右搂膝拗步掌

第二十一式：进步搬拦捶　　　第二十二式：如封似闭

第二十三式：十字手　　　　　第二十四式：收势（合太极）

二、图解

第一式：预备势

1. 定式标准描述

（1）平开步，两脚平行、不可超过肩宽。

（2）膝盖微曲，要求直而不挺、弯而不显。

（3）立身中正，尾闾内含，松腰落胯，命门外挺；含胸拔背，松肩垂肘，虚领顶劲，顶头悬。（如图1，图1-侧所示）

图1　　　　图1-侧

2. 分解动作

（1）两脚并拢，两手自然下垂、手指自然张开，轻贴于大腿外侧；头容端正、百会穴处如有绳轻挂，脸部嘴巴皆放松；两肩自然放松，不可端肩，也不要用力下垂；颈项竖直放松，后颈轻轻去找衣领状；胸背呈自然姿态，不可挺胸，也不必拘胸。（如图2所示）

（2）慢慢提起右脚跟。

（3）以右腰胯带起右大腿慢慢向右横出一步，与肩同宽，脚尖轻点地。

（4）慢慢放下脚跟，重心放两脚之中。

（5）尾闾中正，两大腿根微微内含、然后尾闾轻轻下垂、向内含转。（如图3所示）

图2　　　　图3

第二式：起势

1. 定式标准描述

（1）平开步，两脚平行、不可超过肩宽。

（2）膝盖微曲，要求直而不挺、弯而不显。

（3）立身中正、尾闾内含、松腰落胯、命门外挺；含胸拔背、松肩垂肘、虚领顶劲、顶头悬。（如图1，图1-侧所示）

图1　　图1-侧

2. 分解动作

（1）保持预备势的姿势，调整身体，使身心尽量放松。（图2）

（2）双臂缓缓向上自然升起至齐肩高，手腕不可弯曲下坠，与手臂保持平行。（如图3、图3-侧、图4、图4-侧所示）

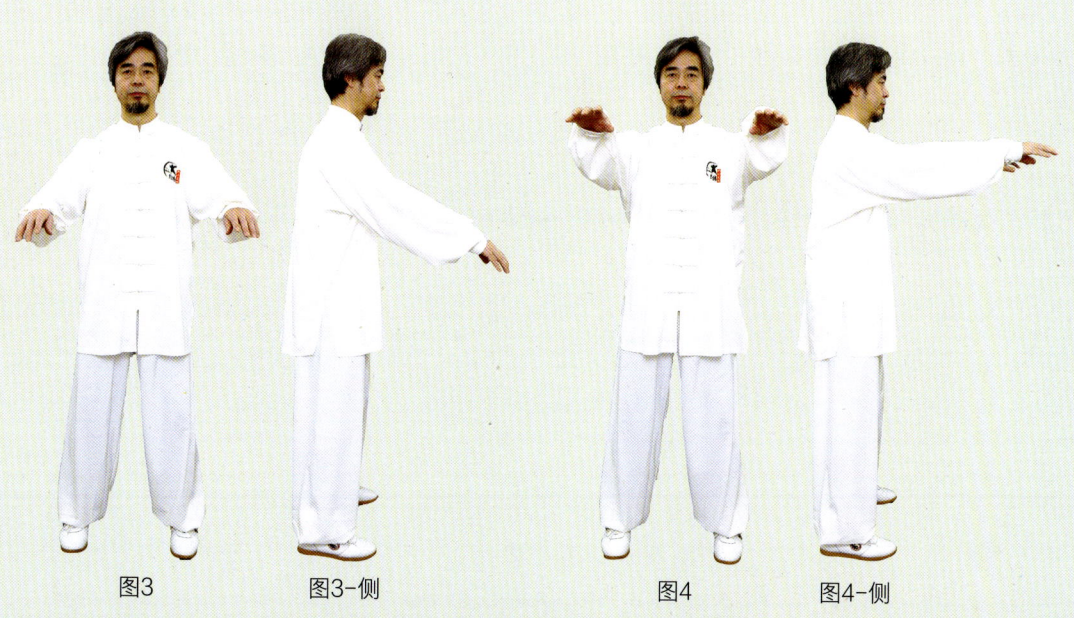

图2

图3　　图3-侧　　图4　　图4-侧

（3）曲肘、小手臂自然往胸前收回，双手与胸的距离保持在20cm左右，两手之间的距离为20cm左右，此时手臂与身体的夹角小于180度。（如图5所示）

（4）双手自然下落，两手落至身旁稍稍坐腕。（如图6、图7所示）

图5　　　　　　　　　　图6　　　　　　　　　　图7

3．用法

起势要有粘黏之意，但更在于意识的训练，想象是意识训练的基础。意在手背就解放了双肩，此即用意不用力也。

4．注意

起势动作简单，是训练意识的好方法，每天应专门抽时间练习起势。

第三式：掤手上势

1. 定式标准描述

（1）左弓步，左手臂与肩平在胸前环抱、手心向内，小手臂与胳膊的夹角在100度左右、不要小于90度，平视前方。

（2）右手放于身侧，低于左手。（如图1、图1-侧所示）

2. 分解动作

（1）按起势要求，两手慢慢向上升起，低于肩高、与心窝同高。（如图2、图2-侧所示）

（2）以腰带动身体向右转，同时重心落左脚，右脚尖随身体向右转，角度约45度左右；上动不停、右手随身体抬至肩高、左手下落环抱，两手上下相对。（如图3所示）

图1

图1-侧

图2

图2-侧

图3

（3）身体朝右脚尖方向移动、重心慢慢移至右脚（如图4所示）；收左脚至右脚旁、脚尖虚点地；同时身体转正、两手交叉，右上左下、右手指向前方；眼平视前方。（如图5、图5-侧所示）

（4）左脚向前跨一步、脚跟虚点地、重心仍在右脚；在左脚将落未落之际，身体稍向右转。（如图6、图7所示）

图4　　　　　　　图5　　　　　　　图5-侧

图6　　　　　　　图7

（5）以腰带动身体向左转正、两手分开，左手随身体抬至胸前、呈掤手势，重心仍坐在右脚。（如图9、图9-侧所示）

（6）重心向前移动成左弓步，左手随身体向正前方掤出、右手虚放身侧以助其势。（如图10、图10-侧所示）

图9　　　　　图9-侧

图10　　　　　图10-侧

3. 用法

假设对手以右拳向我打来，我将重心微向左移，并以双手粘连其手臂顺势将采，其势必前倾。如其欲往回撤，我听其动，以左臂粘其胸向前掤出，右手扶其手腕，以整劲将其打出。

4. 注意

掤劲不可用力，总之以意领之。

第四式：揽雀尾

1. 定式标准描述

（1）掤：右弓步；右手臂与肩平在胸前环抱、手心向内，小手臂与胳膊的夹角在100度左右，目视前方；左手在右手左后侧、手心朝斜下方，并与右手呼应。此为右手掤（如图1所示）。左手臂与肩平在胸前环抱、手心向内，右手在左手斜上方，松肩垂肘。此为左手掤。（如图2所示）

（2）捋：左后坐步；重心正坐左腿，腰尽量左转，左手手心朝上置于左腰侧，右手置于身前，与左手相距尺许，手心与左手相应，眼挂左手。（如图3所示）

（3）挤：右弓步；双手在胸前环抱，左手心朝前贴于右手腕，右手臂外掤。（如图4所示）

（4）按：右弓步；双手平伸于胸前，微坐腕手心朝前。（如图5所示）

图1

图2

图3

图4

图5

2. 分解动作

（1）稍后坐。（如图6、图6-侧所示）

（2）以腰带动身体向右微转，同时左脚尖随转约45度、重心偏右脚。（如图7、图7-侧所示）

图6　　　　　　　　图6-侧

图7　　　　　　　　图7-侧

（3）重心慢慢移至左脚，收右脚虚置左脚前，同时左手高右手低置于左身旁，眼向前平视。（如图8、图8-侧、图9、图9-侧所示）

图8　　　　　　　　图8-侧

图9　　　　　　　　图9-侧

（4）右脚向前跨一步，重心仍在左脚。（如图10所示）

（5）身势转正、右手臂随势做好掤式，左手从耳边向前跟出，置于右手后下侧，重心仍在左脚。（如图11所示）

（6）重心随之前移、成右弓步，右手掤到位。（如图12所示）

（7）腰随即右转，左手外旋掤出，右手随身势置于左手斜上方，眼仍向前平视。（如图13所示）

（8）稍后坐。（如图14所示）

图10　　　　　　　图11

图12　　　　　图13　　　　　图14

（9）腰左转、转腰不转胯，手随身动。左手置于左腰侧，手心朝上，右手随势置于左手前尺许，眼顾左手。（如图15所示）

（10）向右转坐正，左手随动以手心贴右手腕。（如图16所示）

（11）重心前移成右弓步，双手顺势向前挤出。（如图17所示）

（12）左手从右手背分开。（如图18、图19所示）

图15

图16

图17

图18

图19

（13）以腰背带动双手收回到胸前，同时重心往后移，坐在左脚上。（如图20所示）

（14）左脚借助脚底反弹之力，由脚而腿，重心前移成右弓步，同时借反弹之力，通过腰背、松肩把两手按出。（如图21所示）

3. 用法与注意

（1）掤：假设对手从我右侧击来，我稍侧身，左手接其腕、右手扶其肘，以待其变。如往后撤，我即顺势变右手为掤，将其击出。如其以捋化开，我即左转，以左手变掤击之。

注意：左右掤都是用腰带动，身势不可前倾。

（2）捋：对方两手扶我左手臂向我按来，我即沉肩坠肘粘其左手腕，右手扶其左肘，身势后坐转腰，顺势将其捋出。

注意：后坐不能后仰，转腰不转胯，腰胯分离，要留出转换空间。

（3）挤：接前势，彼来力落空时必定收回，我顺其回力右手臂粘接对方左臂，对准其胸或肋部上步挤出。

注意：用时须听劲而动，如对方未回我即挤去，此谓之顶；如对方已回我尚未挤去，谓之丢。身体不要前倾。

图20

图21

（4）按：接前势我挤去时，对方必含胸将我之去劲化除。如其以两手扶我两臂向我当胸逼来时，我即以两臂掤粘其两手，顺其来势回收，随之往左右分化之。至胸前时，其两手已被分必回，我便顺其回力，对准其胸部按之。

注意：虽然名称曰"按"，但绝不可用力按出，只可松肩松手臂慢慢将两手松出去。

第五式：单鞭掌

1. 定式标准描述

（1）左侧弓步；左手前伸稍坐腕、手指朝上、手心向前。

（2）右手伸向侧后方，右勾手，手臂与胸部的角度不可大于180度。

（3）立身中正。（如图1所示）

2. 分解动作

（1）稍后坐、两手掌放平。（如图2所示）

（2）以腰带动身体向左转，同时两手腕微微向上提，右脚尖随动向内扣、重心移往中间。（如图3、图4所示）

图1

图2

图3

图4

第二章　杨氏太极拳24式图解

（3）重心稍移向右脚、上动不停（如图5所示），继续转到180度，左脚尖随动稍左转、重心复往左脚稍移。

（4）身势带动双臂微向下松沉。（如图6所示）

（5）重心稍往右移、以腰带动身体向右转，两手微微向右挂。（如图7、图8所示）

（6）继续转动、重心稍移向左脚、右脚尖随动外摆。（如图9所示）

图5

图6

图7

图8

图9

25

（7）重心移至右脚，右手变勾手、左手置于右腋下。（如图10所示）

（8）重心稍落左脚、右脚尖随动内扣约60度，重心移到右脚、收左脚置于右脚跟侧。（如图11、图12所示）

（9）提左脚向前迈出一步，重心仍在右脚。（如图13、图14、图15所示）

图10

图11

图12

图13

图14

图15

（10）以腰带动身体稍向左转，左手如鞭向前松软抽出。（如图16、图17所示）

（11）重心前移成左弓步，同时左手稍坐腕在正前方成立掌。（如图18所示）

图16

图17

3. 用法

接前势，如对方以双手由下往上挑我两腕时，我顺其势两手往左上虚以带之，彼势必落空。如其复往我右方拨力时，我即顺其拨力以右手变勾手往右后挂其左臂，此时彼之胸部已亮出，我便以左脚踏其中门，以腰带动左掌向其胸部或面部鞭击之。

4. 注意

手臂和身体如拨浪鼓，手随身动，手臂放松如软鞭，要有鞭击的效果。

图18

第六式：提手上势

1. 定式标准描述

（1）右虚步、右脚跟着地。

（2）右手松直于正前方、手心朝左、手指向斜上方，手指高度不超过眼睛。

（3）左手合于右肘、手心向斜下方。（如图1、图1-侧所示）

2. 分解动作

（1）重心稍往后坐。（如图2所示）

（2）身体微向右转、左脚尖随动内扣约45度，重心偏右脚，右勾手变掌。（如图3所示）

图1　　　　图1-侧

图2　　　　图3

（3）随即重心复落于左脚、收右脚置于左脚右前方，同时右手自然落于身体右侧。（如图4所示）

（4）左手向前环绕止于胸前。（如图5所示）

（5）右手经胸前向上提起，左手合于右肘，同时向前上提起右脚、脚跟着地成右虚步。（如图6所示）

图4

图5　　图6

3. 用法

假定对方以右拳或掌向我胸部击来，我即以左手回挂来手，随以右手之腕背提击其面部。另外，在散手比斗中经常以"提手上势"之定势作为散手之出势动作，虚妙跟随以空其劲，进退顾盼以蓄其劲。

4. 注意

虚步时重心全在后腿。

第七式：白鹤亮翅

1. 定式标准描述

（1）左虚步、左脚尖着地。

（2）右手松直上举、手臂不挺不弯、手心朝前、手指向上。

（3）左手松直于身旁、手指向前稍坐腕。（如图1、图1-侧所示）

2. 分解动作

（1）以腰带动身体向左转，左手向左云、右手自然下落，右脚尖随势内扣。（如图2、图2-侧所示）

（2）同时重心稍落右脚，左脚尖随势外摆。（如图3、图3-侧所示）

图1　　　　图1-侧

图2　　　　图2-侧

图3　　　　图3-侧

第二章 杨氏太极拳24式图解

（3）重心移向左脚、收右脚的同时身体转向右斜方向。（如图4、图4-侧、图5所示）
（4）右脚向斜方向跨出一步，重心仍在左脚。（如图6、图6-侧所示）

图4　　　　　　　　　图4-侧　　　　　　　　　图5

图6　　　　　　　　　图6-侧

（5）右肩随势靠出、左手置于右肩旁以助其势，重心在两腿之间、不可前倾。（如图7、图7-侧所示）

（6）身体转向右脚尖方向，重心继续前移至右脚，收左脚虚置于右脚旁。（如图8、图8-侧、图9所示）

图7　　　　　　　　图7-侧

图8　　　　图8-侧　　　　图9

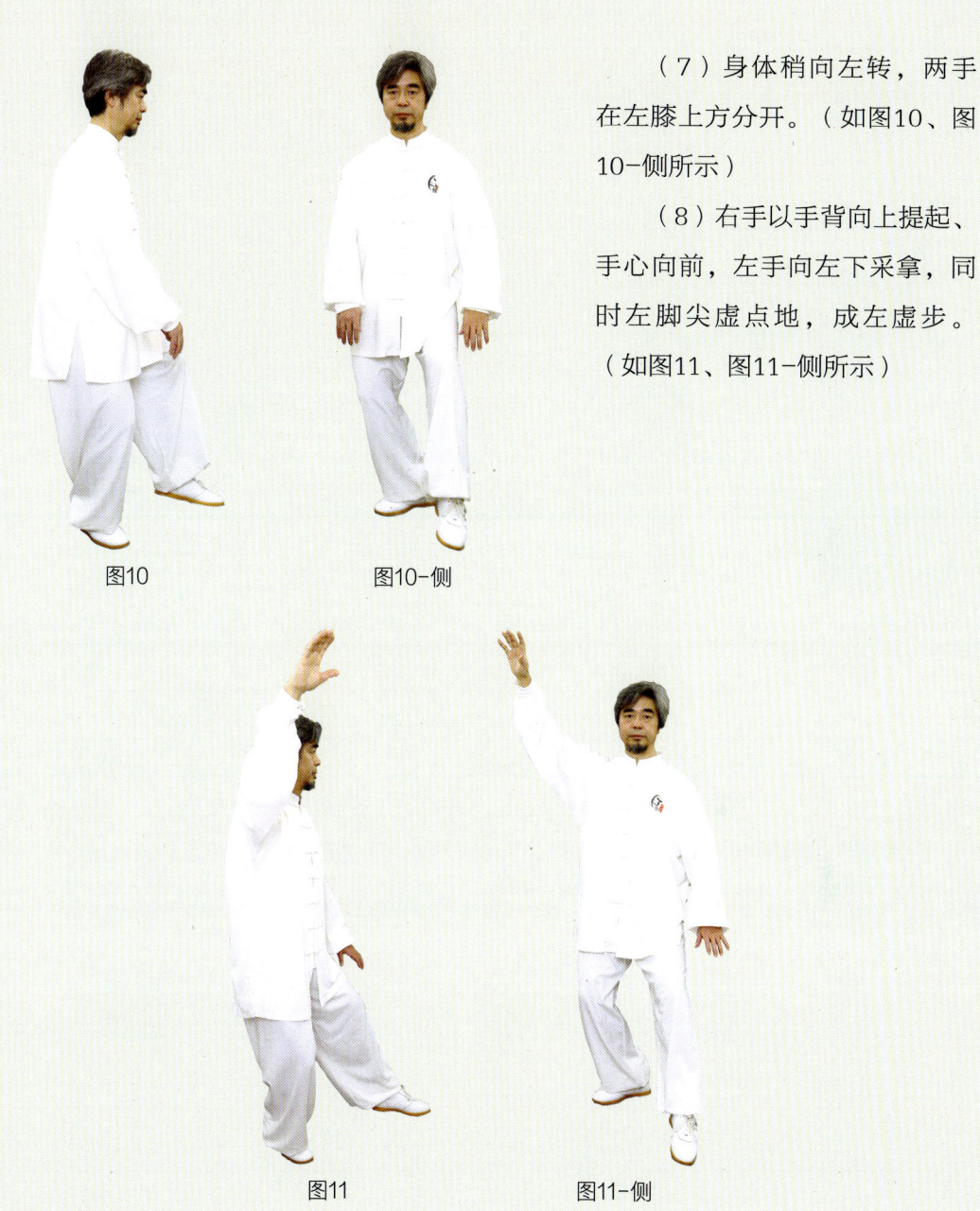

（7）身体稍向左转，两手在左膝上方分开。（如图10、图10-侧所示）

（8）右手以手背向上提起、手心向前，左手向左下采拿，同时左脚尖虚点地，成左虚步。（如图11、图11-侧所示）

图10　　　　图10-侧

图11　　　　图11-侧

3. 用法

假定对方用力拨我右臂，我即以左手向外分开来手，冷然抽出右臂，以手背向上挥击对方下颚面部。

4. 注意

靠时身势松沉，不可着意前倾。

第八式：右搂膝拗步掌

1. 定式标准描述

（1）左弓步、立身中正。

（2）右手在身前松直平举，手心朝前、手指向上。

（3）左手松直垂于身旁，手指向前稍坐腕置于左膝旁。（如图1、图1-背所示）

图1　　　　　图1-背

2. 分解动作

（1）腰稍左转、两手腕同时外旋，右手背朝前至于前上方、左手背朝后置于腰侧。（如图2所示）

（2）随即腰右转，右手以手背领向前下方划圆、松直于身体右侧；左手同时往上划圆、置于身体右前方、手指不高于眼。（如图3所示）

图2　　　　　图3

第二章 杨氏太极拳24式图解

（3）上动不停、右手绕至身后肩上；左手顺势绕至右胸前，不超过肩高。（如图4所示）

（4）左脚向前跨出一步，重心仍在右脚。（如图5所示）

（5）左手松软放下，曲右肘、右手置于右耳旁，同时身体左转朝向正前方并带动左手从左膝向左搂，止于左膝外侧，重心在右腿。（如图6所示）

（6）右手松肩从右耳旁向前松出；同时重心前移成左弓步。（如图7所示）

图4

图5

3. 用法

假定对方以拳（掌）击我胸部，我即以右手向下后沉挂以化来力；假定对方再向我腹部以下以拳击或者脚踢，我即以左手经膝前搂开来犯之拳脚，同时进步以右掌击其胸部。

图6

4. 注意

演练拳架时，手少动，皆由腰带动。此式为杨氏太极拳的练习进步的基本动作，可以充分体验劲由脚而腿、而腰、而肩、形于手指的感觉。

图7

第九式：左搂膝拗步掌

1. 定式标准描述

（1）右弓步、立身中正。

（2）左手在身前松直平举，手心朝前、手指向上。

（3）右手松直垂于身旁，手指向前稍坐腕置于右膝旁。（如图1所示）

2. 分解动作

（1）稍后坐、右手腕放平。（如图2所示）

（2）腰左转、随即带动左脚尖外摆45度、重心稍往前；左手外转松置于体侧；右手同时往上划圆、置于身体左前方、略高于肩。（如图3所示）

（3）上动不停、左手绕至身后肩上；右手顺势绕至左胸前，不超过肩高，右脚收于左脚旁。（如图4所示）

图1

图2

图3

图4

（4）右脚向前跨出一步、重心仍在左脚。（如图5所示）

（5）右手松软放下，同时曲左肘、左手置于左耳旁，身体右转、朝向正方向并带动右手从右膝向右搂，止于右膝外侧，重心在左腿。（如图6所示）

（6）左手松肩从左耳旁向前松出；同时重心前移成右弓步。（如图7所示）

图5

图6

图7

第十式：右搂膝拗步掌

1. 定式标准描述

（1）左弓步、立身中正。

（2）右手在身前松直平举，手心朝前、手指向上。

（3）左手松直垂于身旁，手指向前稍坐腕置于左膝旁。（如图1所示）

2. 分解动作

（1）稍后坐、左手腕放平。（如图2所示）

（2）腰稍右转，右手外转松直于身体右侧；左手同时往上划圆、置于身体右前方、略高于肩。（如图3所示）

（3）上动不停、右手绕至身后肩上；左手顺势绕至右胸前，不超过肩高。重心放右脚，收左脚于右脚旁。（如图4所示）

图1

图2

图3

图4

第二章 杨氏太极拳24式图解

（4）左脚向前跨出一步、重心仍在右脚。（如图5所示）

（5）左手松软放下，同时曲右肘、右手置于右耳旁，同时身体左转、朝向正方向并带动左手从左膝向左搂，止于左膝外侧，重心在右腿。（如图6所示）

（6）右手松肩从右耳旁向前松出，同时重心前移成左弓步。（如图7所示）

图5

图6

图7

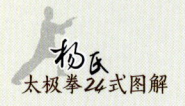

第十一式：手挥琵琶

1. 定式标准描述

（1）左虚步、左脚跟着地，左脚与右脚间约一脚掌宽。

（2）左手前伸、高不超过眼，右手置于左肘处、旁开约一拳半。（如图1、图1-侧所示）

2. 分解动作

（1）重心前移至左脚，收右脚虚悬于左脚跟后。（如图2所示）

图1

图1-侧

图2

第二章 杨氏太极拳24式图解

（2）退半步，重心随即移至右脚，同时左手从腰间向前上穿出、右手收回至左肘处。（如图3、图3-侧、图4、图4-侧所示）

图3　　　　　图3-侧

图4　　　　　图4-侧

（3）右手稍向外开、不超过身宽，左脚稍往后收、重心全部放在右脚。（如图5、图5-侧所示）

（4）右手随即合于左肘，左脚跟虚点地、成左虚步。（如图6、图6-侧所示）

图5　　　　　图5-侧

3. 用法

此式在散手中为出手蓄势之式，左手在前，右手在后，护面护胸，虚虚实实，跟随进退。

4. 注意

定式虽与提手上势相似，但有本质不同，切记两式之间的区别。

图6　　　　　图6-侧

第十二式：右倒撵猴

1. 定式标准描述（右式）

（1）右脚在前、左脚在后，成后坐步。
（2）右手成立掌手心向前、右肘似展非展。
（3）左手置于左腰下、手心向上、手指朝前。（如图1所示）

2. 分解动作

（1）右手腕稍外旋、以手背领自然下落向后上方展开，同时左手内旋向前展开，前后两手与肩平、手心朝下；在右手过身时收左脚置于右脚旁。（如图2、图3、图4所示）

图1

图2

图3

图4

（2）左脚向斜后轻轻探出一步、脚尖先着地，同时两手翻掌、手心朝上。（如图5所示）

（3）后坐、重心稍往后移，曲右肘、将右手收于右耳旁；同时腰左转、调整左脚跟与右脚尖，重心逐渐放到中间。（如图6、图7所示）

（4）上动不停，重心后移，身势后靠，同时松肩，右手向前松出成立掌、左手向后收回、置于左腰下，手心向上、手指朝前。（如图8所示）

3. 用法

假定对方向我胸部击来，我此时左手正在前方，即以左手臂粘其来手顺势退步抽带化解来力，同时，右掌自右耳根出向其肩部或面部击去，对方必跌出无疑。

4. 注意

后坐步重心在后脚，一般是前三后七，身体一定要坐正，不可翘臀。退步时注意位置，与弓步的要求一样，即两脚不要在一条直线上，也不要超过肩宽。

图5

图6

图7　图8

第十三式：左倒撵猴

1. 定式标准描述（左式）

（1）左脚在前、右脚在后，成后坐步。

（2）左手成立掌向前、左肘似展非展。

（3）右手置于右腰下、手心向上、手指朝前。（如图1所示）

2. 分解动作

（1）左手以手背领自然下落向后上方展开，同时右手稍向前展开，前后两手与肩平、手心朝下；在左手过身时收右脚置于左脚旁。（如图2所示）

（2）右脚向斜后轻轻探出一步、脚尖先着地，同时两手翻掌、手心朝上。（如图3所示）

图1

图2

图3

（3）后坐、重心稍往后移，曲左肘、将左手收于左耳旁；同时腰右转、调整右脚跟与左脚尖，重心逐渐放到中间。（如图4、图5所示）

（4）上动不停，重心后移、身势后靠，同时松肩，左手向前松出成立掌、右手向后收回、置于右腰下，手心向上、手指朝前。（如图6所示）

图4　　　　　　　　图5

图6

第十四式：右倒撵猴

1. 定式标准描述（右式）

（1）右脚在前、左脚在后，成后坐步。
（2）右手成立掌向前、右肘似展非展。
（3）左手置于左腰下、手心向上、手指朝前。（如图1所示）

图1

2. 分解动作

（1）右手以手背领自然下落向后上方展开，同时左手稍向前展开，前后两手与肩平、手心朝下；在右手过身时收左脚置于右脚旁。（如图2所示）
（2）左脚向斜后轻轻探出一步、脚尖先着地，同时两手翻掌、手心朝上。（如图3所示）

图2

图3

（3）后坐、重心稍往后移，曲右肘、将右手收于右耳旁；同时腰左转、调整左脚跟与右脚尖，重心逐渐放到中间。（如图4、图5所示）

（4）上动不停，重心后移、身势后靠，同时松肩，右手向前松出成立掌、左手向后收回、置于左腰下，手心向上、手指朝前。（如图6所示）

图4　　　　　　　　　　　　图5

图6

第十五式：左倒撵猴

1. 定式标准描述（左式）

（1）左脚在前、右脚在后，成后坐步。

（2）左手成立掌向前、左肘似展非展。

（3）右手置于右腰下、手心向上、手指朝前。

（如图1所示）

2. 分解动作

（1）左手以手背领自然下落向后上方展开，同时右手稍向前展开，前后两手与肩平、手心朝下；在左手过身时收右脚置于左脚旁。（如图2所示）

（2）右脚向斜后轻轻探出一步、脚尖先着地，同时两手翻掌、手心朝上。（如图3所示）

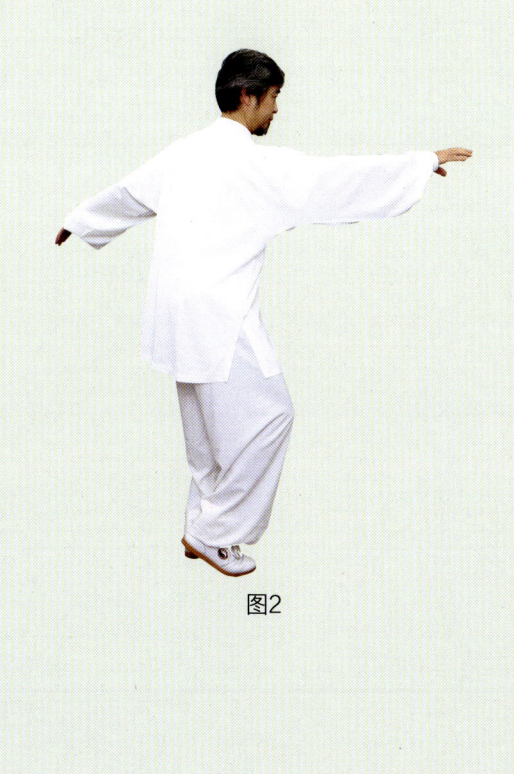

图1

图2

图3

（3）后坐、重心稍往后移，曲左肘、将左手收于左耳旁；同时腰右转、调整右脚跟与左脚尖，重心逐渐放到中间。（如图4、图5所示）

（4）上动不停，重心后移、身势后靠，同时松肩，左手向前松出成立掌、右手向后收回、置于右腰下，手心向上、手指朝前。（如图6所示）

图4　　　　　　　　　　图5

图6

第十六式：右倒撵猴

1. 定式标准描述（右式）

（1）右脚在前、左脚在后，成后坐步。

（2）右手成立掌向前、右肘似展非展。

（3）左手置于左腰下、手心向上、手指朝前。（如图1所示）

2. 分解动作

（1）右手以手背领自然下落向后上方展开，同时左手稍向前展开，前后两手与肩平、手心朝下；在右手过身时收左脚置于右脚旁。（如图2所示）

（2）左脚向斜后轻轻探出一步、脚尖先着地，同时两手翻掌、手心朝上。（如图3所示）

图1

图2

图3

（3）后坐、重心稍往后移，曲右肘、将右手收于右耳旁；同时腰左转、调整左脚跟与右脚尖，重心逐渐放到中间。（如图4、图5所示）

（4）上动不停，重心后移、身势后靠，同时松肩，右手向前松出成立掌、左手向后收回、置于左腰下，手心向上、手指朝前。（如图6所示）

图4　　　　　　　　　图5

图6

第十七式：斜飞势

1. 定式动作标准描述

斜方向右侧弓步、双手右上左下斜打开。（如图1所示）

2. 分解动作

（1）接前势，左手往后绕、重心后移至左脚、收右脚虚置左脚跟旁。（如图2所示）

（2）以腰带动身体向右转、同时重心稍置于右脚、左脚尖随势内扣，重心复置于左脚，面朝斜方向；上动不停、左手往右合、手与肩平、手心向下；右手往回环抱、手心向上，两手交叉、左高右低。（如图3、图4、图5所示）

图1

图2

图3　　图4　　图5

（3）右脚向斜方向跨出一步、重心仍在左脚。（如图6所示）

（4）腰右转，右手顺势向右上方打开、手指与眼同高，同时左手向后下方打开；重心同时前移成侧弓步。（如图7、图8所示）

图6

图7　　　　　　　　图8

3. 用法

假定对方以拳向我胸部击来，我即身势含蓄，以右手在前向左挂开来手，顺势复以右手挥击其面，所谓出其不意冷快绝伦也。

4. 注意

须立身中正、不可前倾。

第十八式：提手上势

1. 定式标准描述

（1）右虚步、右脚跟着地。

（2）右手松直于正前方、手心朝左、手指向斜上方，手指高度不超过眼睛。

（3）左手合于右肘、手心向斜下方与右肘相对。（如图1、图1-侧所示）

图1　　　　　图1-侧

2. 分解动作

（1）重心移向右脚、身体朝脚尖方向，左脚跟进、虚置于右脚跟后。（如图2所示）

图2

（2）随即重心复落于左脚、身体稍左转正对前方，右手自然落于身体右侧、左手稍向上与肩同高；收右脚置于左脚旁。（如图3所示）

（3）左手向前环绕止于胸前。（如图4所示）

（4）右手向上提起止于胸前上方、左手合于右肘，同时向前上提起右脚、脚跟着地成右虚步。（如图5所示）

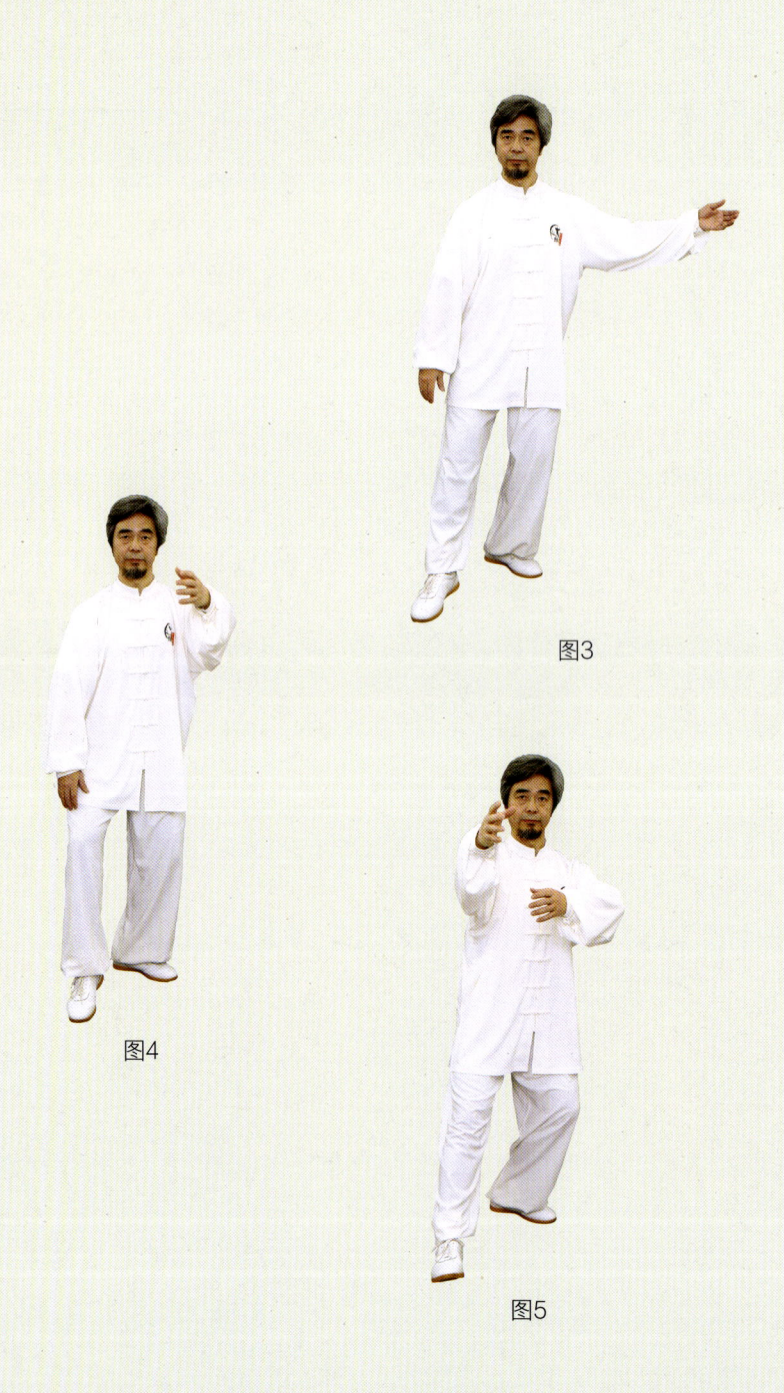

图3

图4

图5

第十九式：白鹤亮翅

1. 定式标准描述

（1）左虚步、左脚尖着地。

（2）右手松直上举、手臂不挺不弯、手心朝前、手指向上。

（3）左手松直于身旁、手指向前稍坐腕。（如图1、图1-侧所示）

2. 分解动作

（1）以腰带动身体向左转，左手向左云、右手自然下落，右脚尖随势内扣。（如图2、图2-侧所示）

（2）同时重心稍落于右脚，左脚尖随势外摆。（如图3、图3-侧所示）

图1　　图1-侧

图2　　图2-侧

图3　　图3-侧

（3）重心移向左脚、收右脚，同时身体转向右斜方向。（如图4、图4-侧、图5所示）

（4）右脚向斜方向跨出一步、重心仍在左脚。（如图6、图6-侧所示）

（5）右肩随势靠出、左手置于右肩旁以助其势，重心在两腿之间，不可前倾。（如图7、图7-侧所示）

图4　　　　图4-侧　　　　图5

图6　　　　图6-侧　　　　图7　　　　图7-侧

第二章　杨氏太极拳24式图解

图8　　　图8-侧　　　图9

图10　　　图10-侧

图11　　　图11-侧

（6）身体转向右脚尖方向，重心继续前移至右脚，收左脚虚置右脚旁。（如图8、图8-侧、图9所示）

（7）身体稍向左转，两手在左膝上方分开。（如图10、图10-侧所示）

（8）右手以手背向上提起、手心向前，左手向左下采拿，同时左脚尖虚点地，成左虚步。（如图11、图11-侧所示）

59

第二十式：右搂膝拗步掌

1. 定式标准描述

（1）左弓步、立身中正。
（2）右手在身前松直平举，手心朝前、手指向上。
（3）左手松直垂于身旁，手指向前稍坐腕置于左膝旁。（如图1、图1-背所示）

图1　　　　　　　　　　图1-背

2. 分解动作

（1）腰稍左转、两手腕同时外旋，右手背朝前至于前上方、左手背朝后至于腰侧。（如图2所示）

（2）随即腰右转，右手以手背领向前下方划圆、松直于身体右侧；左手同时往上划圆、置于身体右前方、指尖不超过眼高。（如图3所示）

图2　　　　　　　　　　图3

第二章 杨氏太极拳24式图解

图4

图5

图6

图7

（3）上动不停、右手绕至身后，高于肩、手心向上；左手顺势绕至胸前、与肩同高、手心向下。（如图4所示）

（4）左脚向前跨出一步、重心仍在右脚。（如图5所示）

（5）左手松软放下，同时曲右肘、右手置于右耳旁，同时身体左转、朝向正方向并带动左手从左膝向左搂，止于左膝外侧，重心在右腿。（如图6所示）

（6）右手松肩从右耳旁向前松出；同时重心前移成左弓步。（如图7所示）

第二十一式：进步搬拦捶

1. 定式标准描述

（1）搬：右虚步、右脚尖稍外摆，右手握拳置于右胸前、拳心向左、拳背有粘连之意，左手置于右肘旁。（如图1所示）

（2）拦：右拳置于右腰处、拳心向上，左手向前伸出、掌心向前、手指向右上方成斜掌；重心落于右脚、左脚虚置于右脚旁。（如图2所示）

（3）捶：左弓步、右直拳、拳眼向上，左手掌置于右肘旁、手心向右、手指向上。（如图3所示）

图1

图2

图3

2．分解动作

（1）稍后坐，右手掌放平。（如图4所示）

（2）身体左转、左脚尖随动外撇，重心前移至左脚；右手握拳由前下落、止于腹前，拳背向右。左手从后往上绕，稍低于肩。（如图5所示）

（3）重心前移至左脚、收右脚轻轻置于左脚前、脚尖外摆；右拳上绕置于右胸前、拳心向左、拳背有粘连之意，左手掌随动、护于右臂中节。（如图6、图7、图8所示）

图4 图5

图6 图7 图8

（4）重心前移至右脚、收左脚轻轻置于右脚侧；同时左手掌斜掌向前伸出，右拳稍外旋拳背朝下往回收，置于右腰处、拳心向上。（如图9、图10所示）

（5）左脚向前迈出一步，重心仍在右脚。（如图11所示）

图9　　　　　　　　　　图10

图11

（6）前移成左弓步，同时右拳向前伸出、左手回收立掌置于右肘处。（如图12、图13所示）

图12　　　　　　　　　图13

3. 用法

如对方以右拳出长劲向我胸部击来，我便往左侧身，以右拳由右下往前上绕搬，以粘其腕部，如其将腕部脱出时，我即以左掌往左进，拦其右臂，趁势以右拳向其胸部击去。

4. 注意

（1）拳自然握实，但不要用力握紧。

（2）搬时最忌格挡，粘其腕部以听来势，或采或拦。拦时不可用力推，以虚灵之手法粘其手臂即可。

（3）右拳打出时要随腰转动。

第二十二式：如封似闭

1. 定式标准描述

左弓步，双手平伸于胸前，微坐腕，手心朝前。（如图1所示）

2. 分解动作

（1）右手变掌。（如图2所示）
（2）往后引化，重心稍后坐。（如图3所示）
（3）重心继续后坐，左手从右手臂下穿出。（如图4所示）

图1

图2

图3

图4

（4）左手向左粘接、右手分开，双手收回胸前，垂肩坠肘、手心向前。（如图5、图6所示）

（5）重心前移成左弓步，同时双掌向前松出。（如图7所示）

图5

图6

图7

3．用法

接前势我拳打出，对方必然含胸将我之去劲化去，如其以左手扶我右臂之根节往我左侧找横劲逼来时，我便以左手置右腋下以粘其来手，顺其来力，身势回收，彼力必定落空，我不等其回势，以两手对准其胸部，以松沉之劲弓步推去。

4．注意

（1）重心后移要坐实右腿，松腰胯，不要做成重心没有后移，单是仰身，后坐仍要保持上体正直；重心前移和后退时，要注意胸、腹的齐进齐退，不先不后，身法就能保持中正，不至形成前俯后仰。

（2）右手先顺其来力往回走化，其后左手粘其左臂，不可格挡。

第二十三式：十字手

1. 定式标准描述

平开步、两手在胸前交叉、手背朝前、右手在外。（如图1所示）

2. 分解动作

（1）稍后坐、两手腕放平。（如图2所示）

（2）腰带动身体向右转，两手随身势向上举，重心移至两腿中间。（如图3、图4、图5所示）

图1

图2

图3

图4

图5

（3）两手左右环绕向下，并在两腿间交叉，同时微下蹲成马步。（如图6、图7、图8、图9所示）

图6

图7

图8

图9

（4）重心移向左脚、身势上起，收右脚成平开步；同时两手交叉向上捧起，并向前向外掤出。（如图10、图11、图12、图13所示）

图10

图11

图12

图13

3. 用法

接前势我双手按去，对方必含胸将我劲化除，如其以两手扶我两腕向我当胸推来时，我便以两手粘其两手腕部，顺势分开化解其力；待绕至胸前时便以两腕之背向其当胸鼓丹田之气发之。

4. 注意

练拳时不可着意用法，总以"大松大软"之意操之。

第二十四式：收势（合太极）

1. 定式标准描述

并步，两臂自然垂于身体两侧，垂肩坠肘。（如图1所示）

2. 分解动作

（1）两手向前分开、手心向下。（如图2、图3所示）

（2）松肩、松肘使两手向胸前漂浮回来，距胸前尺许。（如图4所示）

图1

图2

图3

图4

（3）两手自然下落，置于两腿旁。（如图5、图6所示）

（4）重心移至左脚、收右脚并于左脚、重心复移至中间。（如图7所示）

3. 注意

姿势与起势相同，但意有不同，此时意要收敛，气沉丹田，完成合太极。

图5　　　　　　　图6

图7

第三章

拳理研究

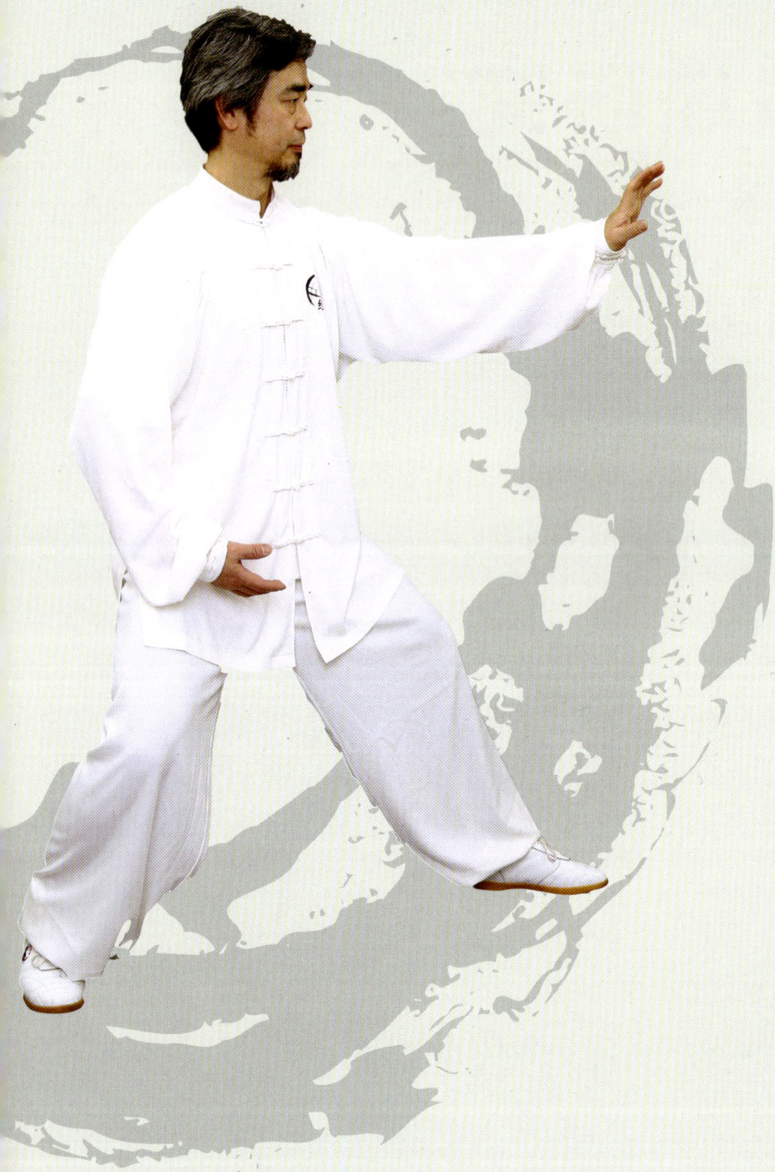

一、太极拳习练之"五要"

（一）"中"是原则

习练太极拳有许多要求，但"虚领（灵）顶劲""立身中正"等只是太极拳最基本的原则。无论是行拳走架，还是推手、散打，都必须保持中正。身体歪斜、低头哈腰，将使气息不顺，甚至被动挨打。那怎么才能做到身体中正呢？把下面两个要点做好将有利于保持中正：一是顶头悬，二是正尾闾。我们的意识能够时时关注这两点，就可以让我们的身体随时保持中正。

（二）"松"是基础

习练太极拳所有的要领和功夫都是建立在"松"的基础之上，可以说没有"松"，就没有太极拳。"松"既是习练太极拳的方法，又是习练太极拳的过程和目的，"松"贯穿太极拳的始终。其他运动也讲"松"，但只是一种手段而已。我们练太极拳始终都在追求"松"，而"松"无止境，由"松"入柔，运柔成刚。太极拳的"刚"绝不是用其他任何方式能够训练出来的，只能是通过不断地放松，把周身松开、松透，"松"到极致而得到的"刚"，所谓"有心练柔，无心成刚"是也。

（三）"轻"为入门之途径

太极拳不能绷着劲去练，为了能够放松，必须是由轻入手。运劲如抽丝，就是强调出手要"轻"。走架要"轻"，推手也要"轻"。在意识的引导下由"轻"入手，慢慢就能体会到"松"，有了"松"的"轻"，就被赋予了灵魂。这时的"轻"已经有别于原来的"轻"，应该称之为"轻灵"。

（四）"悟"是关键

太极拳是智慧拳，是有智慧的人练的。练习太极拳要勤练，但不能傻练。要提高习练太极拳人的修养，必须是"勤练习、明拳理、善思悟"，要边练边悟。"悟"是在精神和身体都达到一定基础上的高度升华，可以说，没有"悟"，太极拳便难以到达完满的阶段，也即"神明"的阶段。学拳论，在认识上能够明白拳理；勤练习，使身体能够按照拳理运动，为开悟做好准备。

（五）"无"是目标

太极拳的高级阶段即："一羽不能加，蝇虫不能落；人不知我，我独知人。""轻灵、虚无"是我们练太极拳追求的最终目标。习练太极拳的成长路途就是："从没有到有，从有到无。"

二、起势杂谈

起势者，拳势之首也。

拳势不在高低、快慢、起伏，而在气势、精神，亦即拳意是也。拳架式样繁多，要从每式中找出拳意，殊为不易。然从最简单之起势中求，实为难中易事。科学之研究，每要去除枝节、简化环境、减少干扰，才易达探索之目的。吾辈学拳，亦当本着科学之精神，取科学研究之手段，对拳学进行研究。

起势是整个拳架中最简单的动作，因此，学习和掌握此动作并不难。而太极拳重在"用意不用力"，意识在行拳、推手和散手中的重要性是不言而喻的。意识的训练重于动作的训练，但也是在动作正确之前提下进行的。从起势开始就有意识进行之训练，才是太极拳学习之正道。

习练太极拳最重要的是精神，而精神之训练离不开想象。首先想象两手臂被无形之绳慢慢向上牵起，其次想象两手在空中漂浮，再想象被空气上托之感觉。总之，想象成真，即达到训练之目的。

学拳从来不是轻松之事，没有成千上万次的训练，定不可成个中高手。科学研究证明，要使身体和意识产生正确之记忆，需要上万次的重复。如能在师长指导下，一年重复起势万次以上，相信一定能很快找到拳味，走上习练太极拳的正确之路。

三、站桩与拳架

习练太极拳该不该站桩，历来有两种说法：一种说法是太极拳既然属于武术，而站桩又是武术的根本，当然应该站桩；另一种说法则认为，太极拳练的是轻灵虚无的功夫，站桩有可能使人步法不灵，形成"死桩"的情况。并且有人认为，太极拳慢练即是活桩，既有站桩之功效，又避免了站"死桩"之弊病。

我是主张站桩的，站桩的重要性和必要性，许多文章都有专述，在此不再赘述。不站桩未必知道站桩的好处，也不能想当然就认为一定是"死桩"。既然承认有"活桩"，当然就会有"定桩"。太极本就包含阴阳，动则生阴阳，静则合太极。因此，拳架、单式、站桩等在整个太极拳训练体系中都有自己的作用，是"一个都不能少"。简单讲：站桩是在相对静止的状态下去找"松"的感觉；单式是在相对固定的动作中找"松"的感觉；而拳架则是在整个套路中、在不同的动作中找"松"的感觉。

严格来说，在练习拳架之前，就应该站桩。当然，如果觉得枯燥，也可以在学会拳架之后即开始站桩。站桩与拳架同等重要，站桩比拳架更简单、更灵活。如果场地不够大，可以练单式或站桩；如果没有整块的时间，也可以练单式。每次站桩应该超过30分钟，最好在一个小时以上。最初可从无极桩开始，无极桩简单、自然，对身体要求不高，但却是一个不可或缺的重要环节。

无极桩要达到的目的：调身、调息、调心。

（一）调身

身不正则气不顺，气不顺则心不安，身形正确是练好太极拳的基本要求。初学之人在行拳走架时，对动作会顾及较多，而未必能对身形照顾全面。因此，在站桩时调整身形是非常必要的，也是非常重要的。杨澄甫宗师之"太极十要"首先就是"虚领顶劲"，所谓头容正直、神贯于顶也。但怎样才能正确做到"虚领顶劲"呢？根据本人三十多年习拳的体会，要做到"虚领顶劲"必须身正，身不正则不能保持"虚领顶劲"，就算勉强做到，颈项也很难放松，势必影响头容正直。所以，欲"虚领顶劲"，必须"立身中正"。而"立身中正"的关键在于"尾闾中正"，尾闾不正，要么翘臀、要么挺腹。所以，调身的重点就在于调整尾闾，尾闾调好了，自然身正，身正以后，才能保证头容正直。这时，颈项容易放松，头就好像"不倒翁"一样立在颈项上了。

（二）调息

习练太极拳要求自然呼吸，行拳走架时，无须考虑呼吸，任其自然。但对初学者来说，大多是浅式胸腔呼吸，很难通过练拳的过程，自然变为腹式呼吸，站桩就成为我们调整呼吸的好方法。在身势调好之后，全身放松，保持自然呼吸。使呼吸慢慢深长，吸气时，意使小腹鼓胀；呼气时，意使小腹内收。都不可用力。如此天长日久，自能养成腹式呼吸，并使呼吸自然深长。

（三）调心

李亦畬的《五字诀》首先就讲心静：心不静则不专，一举手前后左右全无定向，故要心静。心静是太极拳功夫进阶的关键，越到高层功夫，对心静的要求就越高。站桩时没有动作方面的考虑，可以专注在呼吸和心境上。先把意识放在呼吸上，有助于入静；或者把意识专注于放松，也对入静有帮助。但要真正做到静，穷一生之力，也难穷其极。心静反过来对呼吸的影响也非常大，心静则气和、心安则呼吸顺。否则，就会出现心浮气躁的现象。

站桩与拳架是一个整体的两面，功夫来自站桩，也不能离开拳架，即所谓"静中找，动中求"。拳论讲：大动不如小动，小动不如不动，不动之动是为生生不息之动。站桩是由里而外，静而生动。拳架是由开展至紧凑，由外而内。当然，功夫上身之后，举手投足无不具有拳意，所有形式皆可免也。

四、论跟拳

跟拳即跟着老师的动作进行模仿，即动态临摹老师的拳架。太极拳的行拳风格为慢圆匀柔，这就使跟拳模仿成为一种重要的太极拳学习方法，也是很多老师教学的重要内容。

其他拳术由于动作迅猛，很难采用跟拳的方式进行教学，就算有老师领拳，学生也很难在跟拳的过程中观察老师的动作细节，只能是统一节奏而已，除了表演，很少有跟拳学习的。而太极拳行拳要慢很多，这就使学生能够在跟拳的过程中仔细观察和体会老师的动作变化、节奏以及拳势的运行，使太极拳的学习变得更加直观和立体。

跟拳与书法学习中的临摹有相似之处，就是要尽量地模仿。由于条件的限制，在书法学习时往往只能对字帖或者字碑进行临摹，这些都是静止的。所以，临摹基本是形，很难去体会前人运笔时的情形。而太极拳的跟拳是在运动中的临摹，从每个动作的开始、过程及结束都能仔细观察并模仿，在动态中进行学习，学习的内容也更加全面和立体。

跟拳分三个阶段：动作、节奏、拳势。

第一个阶段：动作的临摹（见山是山）

这个阶段主要要做到每个动作的准确，即每个定式的准确和连接过程的准确。这个阶段是非常重要的阶段，也是我们求形似的阶段。因此，我们要仔细观察老师动作的每个细节，如手脚的配合、摆放、先后顺序、重心转移的过程、拳架的运行路线，即整个身法、步法和着法，争取把每个动作做对、做像。在跟拳的过程中可以停顿、思考，不必强求连绵不断，更不要去要求呼吸与动作的配合，最好不去想呼吸。

第二个阶段：节奏的临摹（见山不是山）

这个阶段动作已经熟练，整个拳架基本不用想动作也能完整跟着打完。此阶段主要学习的是静心和行拳节奏的控制，即做到慢而不滞、快而不乱。在跟拳时逐渐把心平静下来，把自己忘掉，完全跟着老师的节奏，把整套拳平稳地打下来。跟拳的要点是：忘掉自己，眼里和脑里都是老师行拳的模样，跟老师同步，呼吸以自然为好，不必考虑与动作的配合。这一阶段是从形似到神似的过渡过程。

第三个阶段：拳势的临摹（见山还是山）

此时跟拳已经不是对动作、节奏的注意，而是对神意的关照。这时学生与老师已融为一体，恍惚自己就是老师，老师的一举一动就是自己的动作。若外人仔细观察，便能够发现学生的动作不是完全模仿老师，而是有自己的感悟、有自己的精神，呼吸已经能够与拳势自然配合。此即对神似的修炼。

一般来说，第一个阶段至少需要三个月或者半年（每周需至少练习三次以上），第二个阶段需要一年以上，第三个阶段则是因人而异，悟性好的最少也要跟拳练习三年以上。跟拳是非常重要的，对此，我们每个人都要有清醒的认识，在每次跟拳时做到认真、仔细、专注，使每一次跟拳都达到应有的效果。

五、怎么理解"大松大软"

问：师父，我知道习练太极拳要遵循"大松大软"原则，但我没理解到如何才能做到"大松大软"。我在和师父推手时，感觉松应该是能够"引化"对方的劲道，并利用对方身体重心的奇点，利用"很小"的劲破坏对方的身体平衡。很小的劲我理解应该是一种整劲，调动全身从脚到膝盖到腰胯再到肩肘手，各部位协调一致、集中发力，这个时候需要身体处于放松的状态，如果有紧张的地方，可能力量就不协调。请师父指教。

答：整劲不是用很小的力，而是周身一家，节节贯穿的力。对手感受到的可能是小力，也可能是大力，而自己是不用力的。

"大松大软"是一种境界，或是一种状态，也是一种方法。通过训练，使我们的身体达到一种"大松大软"的状态。同时，我们在练习时要随时保持"大松大软"的状态，不管是练拳，还是推手，都要在这种状态下进行。"大松大软"的训练方法是一套系统，我们已经将其贯穿到了平时的训练中了，大家严格按照去做，积累到一定的时间，我给大家一贯穿，或者一点拨，其实就行了。

"大松大软"首先要解决的是思想，在思想上要把所有用力的想法放弃，如果做不到这个，"大松大软"就是一句空话。"大松大软"无止境，我们都在学习的路上，学习的时间长短不一样，练习的状态不一样，体会的悟性不一样，我想松柔的程度也就不一样。功夫只能一层一层地练，也只能一层一层地讲。

"大松大软"是李雅轩太极拳的重要思想，是对杨氏太极拳的重大贡献和发展。我们练拳，一定要遵循雅轩公"大松大软"的思想，自始至终以"大松大软"来要求自己，不管是练拳还是推手。

六、谈拳意

拳架得天天练，日日悟。拳架是太极拳功夫的基础，不管是养身也好，击技功夫也好，都离不开拳架的修炼。没有以拳架为基础的所谓推手和散手，都会离太极拳越来越远。不练拳架，只练推手或散手的，不是不能出功夫，只是与太极拳无关。在开始习练太极拳拳架时，起势又特别重要，要在起势中找到拳的味道和感觉，一旦找到这种感觉，起势才算过关。之后要把这种感觉带到整个拳架中去，使整个拳架都有这种感觉。这是太极拳区别于太极操的关键。

以虚灵之势粘接对方之来势，听其变化，顺势借力。太极拳最忌格挡，不用拙力，以腰胯带动四梢。初时盘架以手领身，后以身领手，再后以意领身。

能空就能蓄，能蓄才能发。空是对人，蓄是说己。空不是让，更不是退。有若无、实若虚。空得好，才能发得好。空得干净，想发长劲或短劲，一念之间而已。

从没有到有，是练实用实，然后练实用虚，示虚而藏实。从有到无，是练虚用虚，全身空透，无有实处。

七、论太极拳的用意

太极拳一贯强调"用意不用力"，但何为用意？如何用意？

简单地讲，用意就是想象，或者说用意识指导动作，或者说用意识参与动作。但实际运用却未必简单，许多人练了一辈子拳，却没有拳意，即意识没有参与到动作中去。

太极拳的用意，分以下三个层面。

（一）用意识引导动作

在这一层面，意识走在动作的前面，先有意，再有动作，也即"形追意"的阶段。在这一阶段，想象起了非常重要的作用，最好的想象就是有画面感，天长日久，想象就会成为实际。现代情绪心理研究表明，意识会对大脑皮层产生影响，也即会重构我们的大脑回路。因此，想象会逐渐成为我们的潜意识，并使动作形成惯性，最后是一起念就会有相应的动作。因为是用意识引导动作，所以，就会有预设，还是有主观。在推手中还做不到舍己从人，如果意在人先，基本上还能掌握主动，否则，就会有丢顶。

（二）用意识观察动作

在这一层面，意识不再引导动作，而是作为一个旁观者，去观察动作、感受动作，即"以意观形"。在前面的基础上，一起念，动作开始后，即把意识和动作分开，意识不作为运动的主体。在拳架的练习中，意识始终在观察、感受动作的变化以及身体的状态。长此以往，会使我们的动作和身体状态逐渐趋于合理自然，使拳架更加合于拳理；同时，也使我们的觉知不断成长、不断趋于精微。很显然，这样的结果可以使我们的听劲更加灵敏。达到这个阶段后，基本能做到舍己从人，达到"急则急应、缓则缓随，人不知我、我独知人"的境界。不过，此时感应和反应还有一定的时间差，还达不到一触即发的效果。

（三）形意合一

　　这是拳术的最高境界，也是众多武者所追求的目标。此时形即是意，意即是形，形不离意，意不离形。也即拳论所讲的"阳不离阴，阴不离阳"。这个层面的意识应该属于潜意识的范畴，不再通过大脑去控制动作，如雅轩公所讲的"神明的感应"。意到即形到，一触即发。

第四章

附 录

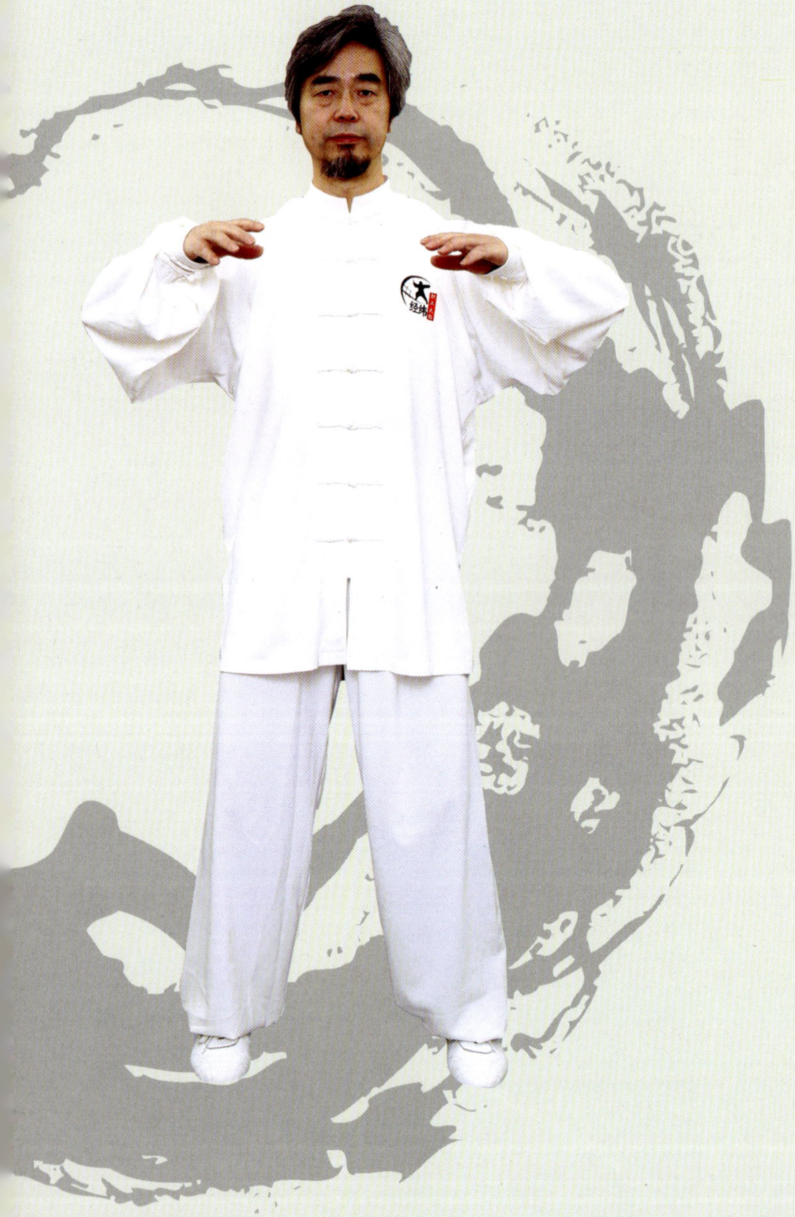

第四章　附　录

一、太极拳经典论著

太极拳论

（明）王宗岳

太极者，无极而生，动静之机，阴阳之母也。动之则分，静之则合。无过不及，随曲就伸。人刚我柔谓之走，我顺人背谓之粘。动急则急应，动缓则缓随。虽变化万端，而理为一贯。由着熟而渐悟懂劲，由懂劲而阶及神明。然非用力之久，不能豁然贯通焉。虚领（灵）顶劲，气沉丹田。不偏不倚，忽隐忽现。左重则左虚，右重则右杳；仰之则弥高，俯之则弥深；进之则愈长，退之则愈促。一羽不能加，蝇虫不能落。人不知我，我独知人。英雄所向无敌，盖皆由此而及也。

斯技旁门甚多，虽势有区别，概不外壮欺弱、慢让快耳！有力打无力，手慢让手快，是皆先天自然之能，非关学力而有为也。察四两拨千斤之句，显非力胜；观耄耋能御众之形，快何能为。立如平准，活似车轮，偏沉则随，双重则滞。每见数年纯功，不能运化者，率皆自为人制，双重之病未悟耳。欲避此病，须知阴阳；粘即是走，走即是粘；阴不离阳，阳不离阴；阴阳相济，方为懂劲。懂劲后，愈练愈精，默识揣摩，渐至从心所欲。本是舍己从人，多误舍近求远。所谓差之毫厘，谬之千里。学者不可不详辨焉。是为论。

太极拳经（节选）

张三丰

一举动周身俱要轻灵，尤须贯串。气宜鼓荡、神宜内敛，无使有缺陷处，无使有凸凹处，无使有断续处。其根在脚，发于腿，主宰于腰，行于手指，由脚而腿而腰，总须完整一气，向前退后，乃能得机得势。有不得机得势处，身便散乱，其病必于腰腿求之，上下前后左右皆然。凡此皆是意，不在外面，有上即有下，有前即有后，有左即有右。如意要向上，即寓下意，若欲将物掀起必先加以挫之之力。斯其根自断，乃攘坏之速而无疑。虚实宜分清楚，一处自有一处虚实，处处总此一虚实，周身节节贯串，无令丝毫间断耳。

原文注：此系武当山张三丰先祖师遗论。欲天下豪杰延年益寿，不徒作技艺之末也。

五字诀

（清）李亦畲

一曰心静。心不静则不专，一举手前后左右全无定向，故要心静。起初举动未能由己，要息心体认，随人所动，随屈就伸，不丢不顶，勿自伸缩。彼有力，我亦有力，我力在先；彼无力，我亦无力，我意仍在先。要刻刻留意，挨何处，心要用在何处，须向不丢不顶中讨消息。从此做去，一年半载，便能施于身。此全是用意，不是用劲。久之，则人为我制，我不为人制矣。

二曰身灵。身滞则进退不能自如，故要身灵。举手不可有呆像，彼之力方碍我皮毛，我之意已入彼骨内。两手支撑，一气贯穿。左重则左虚，而右已去；右重则右虚，而左已去。气如车轮，周身俱要相随，有不相随处，身便散乱，便不得力，其病于腰腿求之。先以心使身，从人不从己；后身能从心，由己仍是从人。由己则滞，从人则活。能从人，手上便有分寸。秤彼劲之大小，分毫不错；权彼来之长短，毫发无差。前进后退，处处恰合，功弥久而技弥精矣。

三曰气敛。气势散漫，便无含蓄，身易散乱，务使气敛入脊骨，呼吸通灵，周身罔间。吸为合、为蓄，呼为开、为发。盖吸则自然提得起，亦拿得人起；呼则自然沉得下,亦放得人出。此是以意运气,非以力使气也。

四曰劲整。一身之劲,练成一家。分清虚实,发劲要有根源:劲起于脚根,主于腰间,形于手指,发于脊背。又要提起全副精神,于彼劲将发未发之际,我劲已接入彼劲。恰好不先不后,如皮燃火,如泉涌出。前进后退,无丝毫散乱。曲中求直,蓄而后发,方能随手奏效。此谓"借力打人""四两拨千斤"也。

五曰神聚。上四者具备,总归神聚。神聚则一气鼓铸,炼气归神,气势腾挪;精神贯注,开合有致,虚实清楚。左虚则右实,右虚则左实。虚,非全然无力,气势要有腾挪。实,非全然占煞,精神要贵贯注。紧要全在胸中、腰间运化,不在外面。力从人借,气由脊发。胡能气由脊发?气向下沉,由两肩收入脊骨,注于腰间,此气之由上而下也,谓之合;由腰行于脊骨,布于两膊,施于手指,此气之由下而上也,谓之开。合便是收,开即是放。能懂开合,便知阴阳。至此地位,功用一日,技精一日,渐至从心所欲,罔不如意矣。

太极拳说十要

杨澄甫·口述　陈微明·录

一、虚领顶劲

顶劲者,头容正直,神贯于顶也。不可用力,用力则项强,气血不能流通,须有虚领自然之意。非有虚领顶劲,则精神不能提起也。

二、含胸拔背

含胸者,胸略内含,使气沉于丹田也。胸忌挺出,挺出则气涌胸际,上重下轻,脚跟易于浮起。拔背者,气贴于背也。能含胸则自能拔背,能拔背则能力由脊发,所向无敌也。

三、松腰

腰为一身之主宰,能松腰然后两足有力,下盘稳固。虚实变化皆由腰转动,故曰"命意源头在腰隙",有不得力必于腰腿求之也。

四、分虚实

太极拳术以分虚实为第一义。如全身皆坐在右腿,则右腿为实,左腿为虚;全身皆坐在左腿,则左腿为实,右腿为虚。虚实能分,而后转动轻灵,毫不费

力。如不能分，则迈步重滞，自立不稳，而易为人所牵动。

五、沉肩坠肘

沉肩者，肩松开下垂也。若不能松垂，两肩端起，则气亦随之而上，全身皆不得力矣。坠肘者，肘往下松坠之意。肘若悬起，则肩不能沉，放人不远，近于外家之断劲矣。

六、用意不用力

太极拳论云：此全是用意不用力。练太极拳，全身松开，不使有分毫之拙劲，以留滞于筋骨血脉之间，以自缚束。然后能轻灵变化，圆转自如。或疑不用力何以能长力？盖人身之有经络，如地之有沟洫。沟洫不塞而水行，经络不闭则气通。如浑身僵劲充满经络，气血停滞，转动不灵，牵一发而全身动矣。若不用力而用意，意之所至，气即至焉。如是气血流注，日日贯输，周流全身，无时停滞。久久练习，则得真正内劲。即太极拳论所云："极柔软，然后极坚刚也。"太极拳功夫纯熟之人，臂膊如绵裹铁，分量极沉。练外家拳者，用力则显有力，不用力时，则甚轻浮。可见其力，乃外劲浮面之劲也。不用意而用力，最易引动，不足尚也。

七、上下相随

上下相随者，即太极拳论所云"其根在脚，发于腿，主宰于腰，形于手指，由脚而腿而腰，总须完整一气"也。手动，腰动，足动，眼神亦随之动。如是方可谓之上下相随。有一不动，即散乱也。

八、内外相合

太极拳所练在神。故云："神为主帅，身为驱使。"精神能提得起，自然举动轻灵。架子不外虚实开合。所谓开者，不但手足开，心意亦与之俱开；所谓合者，不但手足合，心意亦与之俱合。能内外合为一气，则浑然无间矣。

九、相连不断

外家拳术，其劲乃后天之拙劲。故有起有止，有续有断，旧力已尽，新力未生，此时最易为人所乘。太极拳用意不用力，自始至终，绵绵不断，周而复始，循环无穷。原论所谓"如长江大河，滔滔不绝"，又曰"运劲如抽丝"，皆言其贯穿一气也。

十、动中求静

外家拳术，以跳掷为能，用尽气力，故练习之后，无不喘气者。太极拳以静御动，虽动犹静，故练架子愈慢愈好。慢则呼吸深长，气沉丹田，自无血脉偾张之弊。学者细心体会，庶可得其意焉。

二、传承介绍

（一）杨露禅

杨露禅，河北永年广府人氏，杨氏太极拳开山祖师。曾三下陈家沟，历时十八年，终得陈长兴传太极拳精髓。晚年被延请至清王府授拳，其众多弟子出身高贵，使得杨氏太极拳的社会地位和影响力非同一般。露禅公被誉为打遍京城的"杨无敌"。当时的武术传人杨季子，写下了"谁料豫北陈家拳，却赖冀南杨家传"的诗句。露禅公也是中国历史上有记载的第一个将太极武术传播并发扬光大的人，太极拳由此传入社会。

（二）杨班侯

杨班侯，杨露禅次子，杨氏太极拳第二代宗师。生于道光十七年（公元1837年），自幼随父习练太极拳术，终日孜孜苦练，不间寒暑。露禅公课督严厉，不使少息，杨班侯经常受体罚，几乎想逃跑。根据河北永年县志记载：杨班侯相貌清瘦，富有臂力，幼承严父真传，学武悟性极高，腾挪跳跃，像猿猴一样，尤其擅长太极大杆技术，他继承其父衣钵，武功卓绝，掌握了太极拳的奥秘。

（三）杨健侯

杨健侯，杨露禅三子，杨氏太极拳第二代宗师。其拳术刚柔并济，出神入化，刀、剑、杆各种器械无不精通，且善发弹。拿三、四弹丸于手中，往往能同时击中三、四只飞鸟，有"弹无虚发"之美称。杨露禅逝世后，他接替父职在京授拳。杨健侯宽厚仁慈、秉性温和，从不恃拳傲物，有极高的武德。

（四）杨澄甫

杨澄甫，杨露禅嫡孙、杨健侯三子，杨氏太极拳第三代宗师。其创编的杨氏大架，即为现在大众所熟知的杨氏太极拳。杨澄甫宗师开始传授大量外姓弟子，其中张钦霖、陈微明、武汇川、李雅轩、田兆麟、牛春明、褚桂亭、董英杰、崔毅士、郑曼青等被誉为十大弟子。

自此，杨氏太极拳才更广泛围地传入社会。

（五）李雅轩

李雅轩，名椿年，河北交河县人，生于1894年，为杨澄甫宗师十大弟子之一。练功极其刻苦，每个动作都要潜心琢磨，力求做到形神兼备，得到杨老师的赞赏和器重。杨澄甫宗师先后在南京中央国术馆和杭州国术馆任太极拳教员，其间，众多武林高手慕名前来试手，均由雅轩公出面应付。雅轩公武德高尚，从不轻易伤人，比试时点到即止。1938年他来到四川，先后在重庆和成都教授了一大批弟子，以其精纯的武功和高尚的武德使杨氏太极拳广为流传。现在四川和重庆流传的"杨氏太极拳115式"，即雅轩公传授的传统杨氏太极拳，已经成为杨氏太极拳的一个主要分支，在西南地区有着广泛的群众基础。雅轩公拳架气魄雄伟、舒展大方，越来越受到广大太极拳爱好者的喜爱。

（六）肖德生

肖德生，1948年9月生于四川成都。四川省武术协会传统杨式太极拳研究会会长、肖德生太极拳学馆馆长，曾任四川省武术协会副主席，武警四川省总队太极拳总教练，成都南郊武术社社长（该社第一任社长为王树田先生）。

1963年，肖德生开始跟随查拳名家张英振先生学习武术；1965年，经张英振先生介绍拜入杨氏太极拳第四代传人李雅轩先生门下学习传统杨氏太极拳。五十多年来，他一方面秉承雅轩师的拳理、拳法，刻苦实践，勤于交流，先后拜访或互访了杨振基、杨振铎、顾留馨、傅钟文、陈正雷、陈玉和、叶茂林、罗邦桢、宋志坚等数十位国内外太极名家；另一方面，擅长使用现代自然科学理论解析和演绎传统杨氏太极拳。1980年开始从事太极拳教学推广工作至今，学生逾万。

三、部分学生学习太极拳的体会

我学习太极拳的心得

学生：吕晓东

初悟太极拳：偶然遇到了王老师，阴差阳错学习了太极拳。起初的目的很搞笑，因为高尔夫球打多了，自己又不注意运动后的拉伸和放松，导致背部肌肉长期紧张劳损，造成了椎间盘突出。本来是抱着试一试的态度，看看这项运动是否能够帮助我放松背部肌肉。这一试不打紧，结果让我大吃一惊，也许是师傅的拳架功夫到位，我几乎第一天就感觉到身体发生了奇妙的变化。越是困难玄妙的运动项目，我越是喜欢研究。回来后，我一头扎到网上翻看资料，又通过授课反复琢磨体会，越练习越是心惊，这哪里是老人家玩的运动操，这分明是所有运动的本源啊。没有身体限制，却有无限的未知可以去探索。每一次进步，都会发现有更多的奇妙境界等着你去追求。

沉迷于太极拳之后，几个星期我都没有碰过以前每天不离手的高尔夫球杆。大约三周后的一天，我应约与朋友打球。结果让我十分震惊，只带了两只球杆的我，在几周没有练习的情况下打出了和以前差不多的成绩。当时我感觉自己从容不迫、头脑清明，就像在自家后院盘拳架一样。于是我渐渐明白，太极拳对于其他运动有着非常高明奇妙的指导作用，体现在技巧上、体能上，更体现在头脑上。这是一种来自身体内部的强大，好像一个会游泳的人在水里不会再感到恐慌，拥有的只有享受。究其原因，大概是其他的运动追求的是形式上的结果，而太极拳却是追求身体本身的潜力开发。

话题回到太极拳本身，作为一个初学者，我目前的感悟是，练习太极拳，要从身体内部着手。目前，我在仔细琢磨脊椎一张弓的改造，命门凸出，尾椎前收，将背弓的下半部分打开。下颚微收，胸椎微微后顶，将背弓的上半部分打开，然后体会虚领顶劲将此弓微微拉紧。在所有拳架中保持背弓的弹性，逐步做到以背弓引领身体动作，以意识主宰背弓的意图。

至于下一步，在背弓定型的基础上体会各个部位放松的感觉，至于由沉而力的境界估计短时间内不敢奢望。期望勤练不辍可以让我更上一层楼，从而得窥太极拳那些奇妙璀璨的高深境界。

松无止境信成真

学生：董华君

幸得王翀老师恩典传授，吕老师悉心引导，去年我彻闻太极拳"大松大软"之法门，并一心遵从老师的教导练习。一年许，感受颇多，在此草录点滴，以向老师汇报求正，与拳友分享互学。

（一）松无止境

王师传承李雅轩宗师"大松大柔"之功法，一直强调太极拳的手法、身法、底盘、整劲等所有基本功法和圆活、轻灵、浑厚的状态以及知觉功夫、内劲功夫都离不开"松"。而且口传身授，本弟子领教以来，如梦初醒，豁然开朗。

初练松柔，便觉得安舒如法。坚持一段时间下来，更觉得日渐递进。原以为松，其实未松；原有松感，其实未尽；原一时松，瞬间不在；原局部松，顾此失彼；深感松透、松尽，永无止境。每一处关节松通无止境，每一丝肌肉经络松透无止境，每一个念头虚灵松净无止境。

无限细分无限松，一松再松无限功。真是打开一扇窗，见了天外天。欲得真功夫，必将松无休止。

（二）欲松必静

诸葛亮《诫子书》曰："才须学也，学须静也。非淡泊无以明志，非宁静无以致远。"

老子《道德经》也强调，"致虚极，守静笃"。"静为躁君"，静是一切动态的统帅。

我在修习中随师临摹，也感受到了王师的静气沉雄、威仪伟岸。一静和气生，一静百慧出，一静万象明，一静万山威。

王师一再教导我们，调身以正身形，调息以和气血，调心以明心见性。所以，松须静，静须净。神安事无问，心定菜根香。气定神闲，心无杂念，是静的前提。如少林寺方丈于大兵压境之时说："无心于事，无事于心，有何惊惧！"一静驱百邪！

凡人能抛开名利缰锁，看穿生死，其他皆是闲事。心静自然凉。佛学里众信常念的

《心经》早在两千多年前就言破:"心无挂碍,无挂碍故,远离颠倒梦想。"心净得自在。

净静之功,非在一时。在行拳走架中须时时明澈护念。王师在教授倒撵猴架势时,曾引用一寺院对联讲松静、清净之意:挑起一担,满身臭汗;放下两端,遍体清风。每每行拳至此,默识揣摩,无不感到惠风和畅,行云流水……

所以,真正的静是从心灵的清净开始的。调心、修心是深层功夫,有天真小弟子曾说过,王师那爽朗的笑声是一般人学不来的,因为那是发自内心的声音,见的是修心的功夫。

(三)信则成真

志不强者智不达,言不信者行不果。我们有幸得到明师指点,明白了"大松大软"之不二法门,还得一门深入,步步跟进。

能否一以贯之,关键在于信仰、信念。老子《道德经》明示:"载营魄抱一,能无离乎?专气致柔,能婴儿乎?"信念如魂魄,信之愈坚,行之愈灵;信之愈纯,行之愈真。

王师要求我们,松透身心,步步深入,层层递进。由松开而松散、松沉、松净、松柔直至松化,大浪化之得自由,大而化之了无痕。

对此,我以为,当深信不疑,所话照做。遵从"大松大软",持之以恒,必有大功。